pixi WISSEN

Pferde und Ponys

W0211329

Einfach gut erklärt von Hanna Sörensen,
mit Bildern von Jochen Windecker

CARLSEN

Das Urpferd

Pferde unterscheiden sich in Größe, Körperbau und Temperament voneinander. Es gibt zum Beispiel kleine Shetlandponys, schwere Arbeitspferde und schnelle Vollblüter. Doch alle Pferderassen haben sich aus dem **Urpferd Eohippus** entwickelt, das vor etwa 50 Millionen Jahren lebte. Sein Name bedeutet „Pferd der Morgenröte".

Eohippus wurde etwa so groß wie ein Fuchs.

Vom Wald in die Steppe

Zur Zeit des Eohippus war ein großer Teil der Erde von dichten Wäldern bedeckt. Doch im Laufe der Jahrtausende veränderte sich das Klima und damit auch die Pflanzenwelt. Es entstanden lichte Wälder und Steppen. Einige Pferde passten sich an die neuen Bedingungen an: Ihre Körper wurden größer, die Beine länger und ihre Hufe widerstandsfähiger. Ihre Nahrung bestand nun überwiegend aus zähen, harten Gräsern.

Grasende Wildpferde

Pferde – Begleiter der Menschen

Höhlenmalerei

Durch Knochenfunde und Höhlenmalereien wissen wir, dass Pferde für den Menschen schon vor einigen hunderttausend Jahren wichtig waren. Zunächst nutzten Menschen Pferde als **Nahrungsquelle**. Ein Pferd konnte eine steinzeitliche Familie mehrere Wochen lang ernähren. Es war eine nahrhafte Abwechslung in einem Speiseplan, der vor allem aus pflanzlicher Nahrung, wie zum Beispiel Früchten und Wurzeln, bestand.

Vor etwa 6000 Jahren begannen vermutlich asiatische Völker, Pferde als Nutztiere und später auch als **Reittiere** einzusetzen. Fortan lebten Mensch und Pferd in enger Gemeinschaft. Pferde wurden vor Wagen gespannt und zogen schwere Lasten. Mit ihrer Hilfe konnten Menschen sich schneller fortbewegen und auch an weit entfernte Orte reisen.

Pferd als **Lasttier**

Mongole mit Fangschlinge

Wo leben Pferde und Ponys?

Fast überall auf der Welt gibt es Pferde. Sie haben sich gut an ihre unterschiedlichen Lebensräume angepasst.

In der Wüste ... Pferde, die in Wüsten und anderen warmen Gebieten der Erde leben, sind hochbeinig und hager. Sie haben eine dünne Haut und ein dünnes Fell, kleine harte Hufe und weit dehnbare Nüstern, die ihnen das Atmen der trockenen, staubigen Luft erleichtern.

Arabisches Vollblut

Gelungene Mischung

Viele Pferde vereinen Eigenschaften dieser beiden ausgeprägten Pferdetypen in sich. Im Laufe der Zeit entstanden die unterschiedlichsten Pferderassen.

Islandpferd

... und in Eis und Schnee

Auch in kalten Regionen fühlen sich Pferde wohl. Ihre dicke Haut, die mit dichtem Fell bedeckt ist, schützt sie vor Kälte, Regen und Schnee. Diese Pferde haben einen rundlichen Körper mit kurzen Beinen und breiten Hufen, auf denen sie sich auch durch unwegsames Gelände sicher bewegen.

Wenn Gefahr droht ...

Pferde sind **Fluchttiere**. Bei drohender Gefahr versuchen sie immer zuerst zu fliehen. Wenn ein Pferd nicht mehr ausweichen kann oder keinen Fluchtweg erkennt, verteidigt es sich mit Huftritten und Bissen.

Einzelgänger oder Herdentiere?

Pferde sind **Herdentiere**. Um sich wohlzufühlen und gesund zu bleiben, brauchen sie die Gesellschaft ihrer Artgenossen. Die Herde bietet Pferden Schutz und Geborgenheit.

Die Rangordnung

In einer Pferdeherde gilt eine **Rangordnung**. Sie regelt die Abläufe innerhalb der Herde. Meist führt eine ältere und erfahrene **Leitstute** die Herde an. Sie sucht die besten Futterplätze und warnt die Herde vor Gefahren. Stoßen neue Pferde zur Herde dazu oder verändert sich die Herde durch das Alter ihrer Mitglieder, kann sich auch die Rangordnung verändern.

Pferde in der Camargue, Frankreich

Heißes oder kaltes Blut?

Pferde und Ponys werden in verschiedene Typen eingeteilt. Sie werden nach **Körperbau**, **Charakter** und **besonderen Eigenschaften** unterschieden.

Kaltblut

Kaltblutpferde haben einen kräftigen, gedrungenen Körperbau. Sie sind sehr stark und haben meistens ein geduldiges Wesen. Viele Kaltblüter werden als Arbeitspferde eingesetzt und ziehen schwere Lasten.

Warmblut

Die meisten Reitpferde sind Warmblüter. Sie sind schnell, ausdauernd und wegen ihrer Vielseitigkeit bei Freizeitreitern, professionellen Spring- und Dressurreitern und als Kutschpferde sehr beliebt.

Vollblut

Vollblüter sind besonders temperamentvolle und schnelle Pferde. Sie stammen von alten Zuchtlinien ab und laufen häufig bei Trab- und Galopprennen.

Pony

Ponys sind kleine Pferde, die nicht größer als 148 Zentimeter im Stockmaß sind. Sie sind häufig sehr robust und durchsetzungsstark.

Schon gewusst?

Wie viele Pferderassen gibt es heute?
a) Etwa 18 b) Etwa 180 c) Etwa 1800

Lösung: b)

Die Gangarten

Pferde bewegen sich meistens im **Schritt**, im **Trab** oder im **Galopp** fort. Diese drei Grundgangarten sind jedem Pferd angeboren. Sie unterscheiden sich voneinander durch die Schrittfolge des Pferdes und das Tempo.

Schritt

Die häufigste Gangart der Pferde ist der Schritt. Dabei heben sie die Vorder- und Hinterbeine regelmäßig nacheinander an und setzen sie wieder ab. Der Schritt ist die langsamste Fortbewegungsart der Pferde.

Andere Gangarten

Einige Pferderassen beherrschen noch weitere Gangarten. Islandpferde zum Beispiel können sich häufig auch im **Tölt** und im **Passgang** fortbewegen. Sie werden daher auch als Gangpferde bezeichnet.

Trab

Beim Trab werden abwechselnd die diagonal zueinander stehenden Beine gleichzeitig nach vorn geschwungen, zum Beispiel rechtes Vorderbein und linkes Hinterbein zugleich. Dazwischen entsteht eine kurze Schwebephase, in der kein Bein den Boden berührt.

Galopp

Der Galopp ist die schnellste Gangart der Pferde. Pferde können bei Gefahr ausdauernd und schnell galoppieren.

Wo ist der Widerrist?

Die Körperteile eines Pferdes haben besondere Bezeichnungen. Kennst du sie?

Wie groß werden Pferde?

Eohippus, der Vorfahre der Pferde, erreichte eine Größe von 25 bis 50 Zentimeter und war damit in etwa so groß wie ein Hund oder ein Fuchs. Heutige Pferde haben dagegen ein **Stockmaß** von etwa 70 Zentimeter (Falabella) bis über 190 Zentimeter (Shire Horse).

Urpferd Falabella Shire Horse

Schon gewusst?

Was ist ein Stockmaß?

a) Spazierstock b) Hölzerne Messlatte c) Biersorte

Lösung: b) Mit dem Stockmaß wird die Größe eines Pferdes bestimmt.

Fellfarben

Kein Pferd sieht aus wie das andere. Ein Unterscheidungsmerkmal ist die **Fellfarbe**.

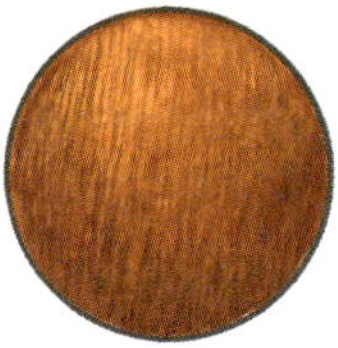

Fuchs

Rappe

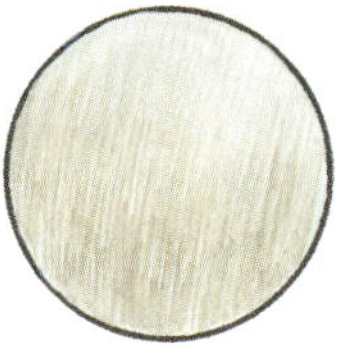

Schimmel

Schecke

Brauner

Schon gewusst?

Kommen Schimmel schon weiß zur Welt?

a) Ja, sie haben ihre weiße Fellfarbe von Geburt an.
b) Nein, Schimmel sind besonders alte Pferde.
c) Nein, Schimmel kommen dunkel zur Welt, zum Beispiel als Rappe oder als Fuchs. Erst im Laufe der Jahre wird ihr Fell immer heller.

Lösung: c)

Die Abzeichen

Die weißen Stellen im Fell eines Pferdes, zum Beispiel am Kopf oder an den Füßen, heißen **Abzeichen**. Sie sind angeboren und verändern sich auch nicht, wenn das Pferd älter wird.
Nur bei Schimmeln sind die Abzeichen im Laufe der Zeit nicht mehr sichtbar.

Laterne Schnippe Blesse Stern

Weiße Fessel Weißer Fuß Hochweißer Fuß

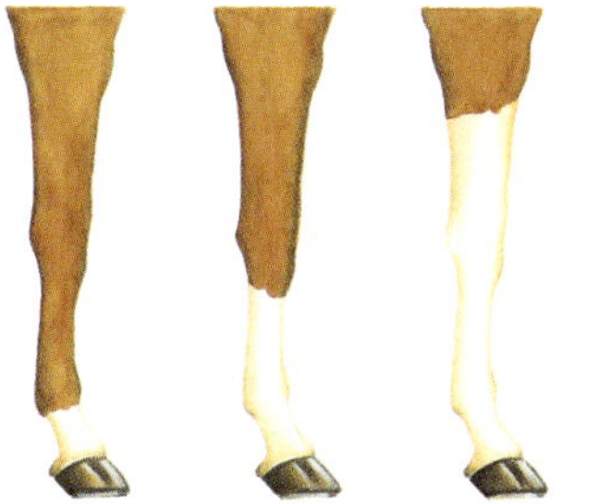

Abzeichen unterscheiden sich durch ihre Größe und ihre Form voneinander.

Was fressen Pferde?

In freier Wildbahn verbringen Pferde etwa 12 bis 16 Stunden täglich mit Futtersuche und Fressen. Pferde grasen sehr langsam und zermahlen ihre Nahrung sorgfältig.

Pferde fressen vor allem **Gras** und **Kräuter**, aber auch **Zweige**, **Laub**, **Blüten** und **Baumrinden**. Reit- und Arbeitspferde fressen Gras und sie bekommen **Heu** und **Kraftfutter**, wie Hafer oder Trockenfuttermischungen aus verschiedenen Getreidesorten. Wenn du ein Stück Apfel oder Mohrrübe auf die flache Hand legst, nimmt dein Pferd es vorsichtig mit seinem weichen Maul.

Ein Fohlen wird geboren

Stuten werden, während sie ein Fohlen austragen, besonders gepflegt. Sie bekommen spezielles Futter und werden in den letzten Monaten der Tragzeit und während der Stillzeit nur schonend bewegt. Nach etwa elf Monaten wird das Fohlen geboren. Schon in der ersten Stunde nach seiner Geburt versucht ein Fohlen aufzustehen.

Tragende Stute

Nestflüchter oder Nesthocker?

Fohlen sind **Nestflüchter**. Gleich nach der Geburt sind ihre Augen geöffnet und kurze Zeit später laufen sie neben der Mutter her. Nesthocker dagegen (z.B. Katzen oder Wölfe) kommen zunächst blind und hilflos zur Welt.

Stute mit Fohlen

Meist dauert es nicht lange, bis das Fohlen die ersten Schritte gehen kann und bei der Mutter Milch trinkt. In den ersten Wochen ernährt es sich ausschließlich von der Muttermilch. Etwa sechsmal in der Stunde trinkt es am Euter der Mutter. Nach und nach nimmt das Fohlen auch feste Nahrung, wie Heu oder Trockenfutter, zu sich.

Schon gewusst?

Was ist Biestmilch?

a) Milch, die zu lange in der Sonne gestanden hat
b) Milch, die Fohlen nicht mögen
c) Milch, die die Stute in den ersten 24 Stunden nach der Geburt produziert hat

(Lösung: c)

Geheimnisvolle Pferde

In vielen Sagen und Geschichten haben Pferde eine besondere Bedeutung. Ihnen werden magische Eigenschaften nachgesagt und oft werden sie als mutige, treue und ausdauernde Begleiter beschrieben.

Manche Pferde galten früher als heilig.

Pferd aus Mammutelfenbein, gefunden in der Vogelherdhöhle

Die Kelten und die Römer verehrten die Göttin **Epona**. Sie war die Schutzgöttin aller Pferde, Maultiere und Esel.

Epona, die Schutzgöttin der Pferde

Kentaurus

In der griechischen Mythologie gibt es das geflügelte Pferd **Pegasos** und die **Kentauren**, Wesen mit einem Pferdeleib und einem menschlichen Oberkörper.

Auch das **Einhorn**, ein edles Fabelwesen, hat die Gestalt eines Pferdes. Es trägt ein langes Horn auf der Stirn.

Einhorn

Pixi Wissen Rätselseite

Welches Pferd bekommt die Möhre? Folge den Wegen im Labyrinth.

Wie lautet der Name dieses Pferdes? Bringe die Buchstaben in die richtige Reihenfolge und trage den Namen ein.

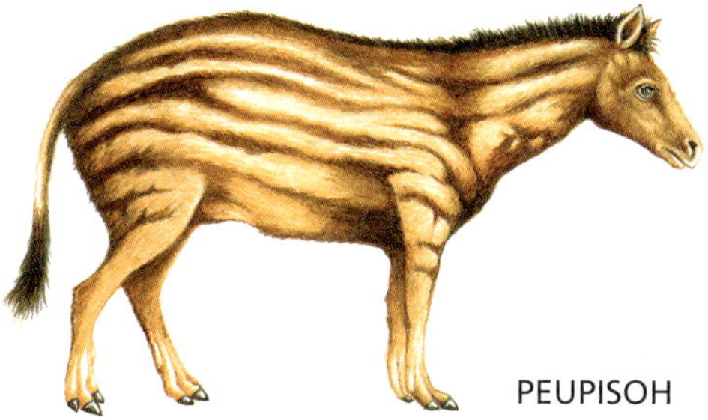

PEUPISOH

Das Urpferd hatte ursprünglich vorne vier und hinten drei Zehen. Im Laufe der Zeit verringerte sich die Anzahl der Zehen zu einem ...

a) Einhorn. b) Huf. c) Hausschuh.

Die Entwicklung zum Einzeher

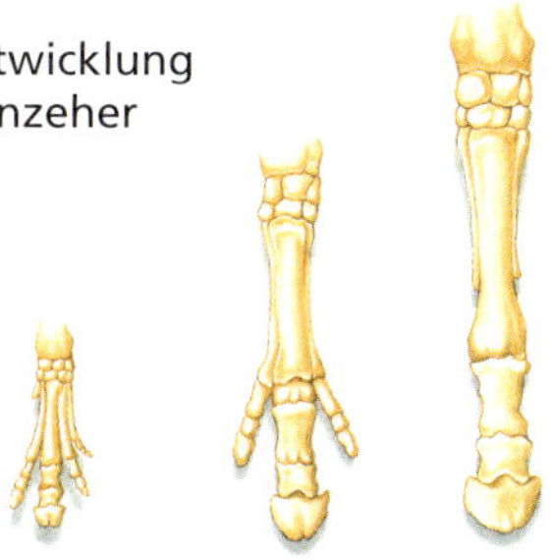

Eohippus Mery-chippus Equus

Pixi Wissen Lexikon

Alter
Wie alt ein Pferd wird, hängt von seiner Rasse ab und davon, wie es gehalten und gefüttert wird und wie viel Bewegung es bekommt. Kaltblüter werden etwa 18 Jahre alt, Warmblüter etwa 20 bis 30 Jahre. Ponys können bis zu 40 Jahre alt werden.

Ausschlagen
Ist ein Pferd unwillig oder fühlt es sich bedroht, kann es mit den Hinterbeinen ausschlagen.

Brandzeichen
Früher wurden frei lebende Herdentiere von ihren Besitzern mit einem Brandzeichen versehen, um sie diesen zuordnen zu können. Später haben dies Gestüte, Züchter und Verbände übernommen. Ein Brandzeichen wird mit einem glühenden Eisen in die Haut gebrannt und ist auf Lebenszeit sichtbar.

Eohippus
Urpferd

Flehmen Wenn Pferde einen besonders interessanten Geruch wittern, saugen sie ihn mit aufgestülpten Nüstern regelrecht ein. Diesen Vorgang nennt man Flehmen. Bei manchen Pferden ist Flehmen auch ein Anzeichen von Schmerzen.

Gangarten Die Grundgangarten eines Pferdes sind Schritt, Trab, Galopp. Einige Pferdearten beherrschen noch weitere Gangarten, zum Beispiel Passgang oder Tölt.

Hengst Männliches Pferd

Kolik Eine ernste Erkrankung des Verdauungsapparates eines Pferdes

Przewalskipferd Letztes echtes, reinblütiges Wildpferd, das durch Zucht bis heute erhalten geblieben ist

Stockmaß Hölzerne Messlatte, mit der die Größe eines Pferdes bestimmt wird. Gemessen wird vom Widerrist bis zum Boden.

Stute Weibliches Pferd

Pixi Wissen Quiz

1. Lipizzaner sind ...

a) Warmblutpferde, die sich gut für die Dressur eignen.
b) spanische Delikatessen.
c) wertvolle Porzellan-Figuren.

2. Was bedeutet der Ausdruck „ein Freund zum Pferdestehlen"?

a) Dein Freund/deine Freundin mag Pferde überhaupt nicht.
b) Dein Freund/deine Freundin geht mit dir durch dick und dünn.
c) Dein Freund/deine Freundin stiehlt Pferde.

3. Woran kannst du ein Fjordpferd leicht erkennen?

a) Am norwegischen Akzent beim Wiehern
b) An der aufrecht stehenden Mähne
c) An der schwarzen Fellfarbe

4. Wer arbeitet mit Pferden?

a) Pferdehirte
b) Pferdeschäfer
c) Pferdewirt

5. Wenn ein Pferd die Ohren eng an den Kopf anlegt und die Zähne zeigt, ...

a) ist es ängstlich.
b) ist es freundlich.
c) ist es wütend.

6. Am wohlsten fühlen sich Pferde ...

a) bei den Papageien im Zoo.
b) bei ihren Artgenossen in der Herde.
c) bei ihren Besitzern im Wohnzimmer.

7. Ein Maultier ist eine ...

a) Kreuzung aus Eselhengst und Pferdestute.
b) Kreuzung aus Kaltblut und Vollblut.
c) besonders schlecht gelaunte Ponyrasse.

8. Pferde essen am liebsten ...

a) Wiener Würstchen.
b) Gras und Heu.
c) Schwarzwälder Kirschtorte.

Pixi Wissen präsentiert

Bd. 2
Piraten
ISBN 978-3-551-24052-1

Bd. 3
Die Erde
ISBN 978-3-551-24053-8

Bd. 4
Ballett
ISBN 978-3-551-24054-5

Bd. 8
Wale und Delfine
ISBN 978-3-551-24058-3

Bd. 9
Fairness und Benehmen
ISBN 978-3-551-24059-0

Bd. 10
Planeten und Sterne
ISBN 978-3-551-24060-6

Bd. 11
Das Meer
ISBN 978-3-551-24061-3

Bd. 16
Klima und Klimawandel
ISBN 978-3-551-24066-8

Bd. 17: Tiere in Garten und Wald
ISBN 978-3-551-24067-5

Bd. 18
Elefanten
ISBN 978-3-551-24068-2

Bd. 20
Reiten
ISBN 978-3-551-24070-5

Bd. 21
Dinosaurier
ISBN 978-3-551-24071-2

Bd. 22
Das Wetter
ISBN 978-3-551-24072-9

Bd. 25
Mein Körper
ISBN 978-3-551-24075-0

Bd. 27
Tierkinder
ISBN 978-3-551-24077-4

Bd. 30
Unsere Tiere
ISBN 978-3-551-24080-4

Bd. 33
Strand und Watt
ISBN 978-3-551-24083-5

Bd. 35
Toleranz und Respekt
ISBN 978-3-551-24085-9

Bd. 36
Der Wald
ISBN 978-3-551-24086-6

Bd. 42
Tiere der Welt
ISBN 978-3-551-24092-7

Bd. 47
Reiterhof
ISBN 978-3-551-24097-2

Bd. 51
Urwälder
ISBN 978-3-551-24101-6

Bd. 52
Weltraum
ISBN 978-3-551-24102-3

Bd. 59
Säugetiere
ISBN 978-3-551-24109-2

Bd. 62
Eltern
ISBN 978-3-551-24112-2

Bd. 63
Steinzeit
ISBN 978-3-551-24113-9

Bd. 67
Papierflieger
ISBN 978-3-551-24117-7